Filmen für Einsteiger

Andreas Rietz

www.ariol-entertainment.de

Copyright © 2021 Andreas Rietz

Alle Rechte vorbehalten.
ISBN: 9798514028368

WIDMUNG

Ich widme das Buch meiner Frau Michaela, die so viel Geduld mit meinem „Erst-Hobby" hatte und großzügig über das viele Geld, was ich gerne dafür ausgegeben habe, zähnefletschend akzeptierte.

Gleichzeitig „freute" sie sich stets über meine spontanen Ankündigungen: „Du, wir fliegen ja gleich mal mit dem Filmteam nach Ägypten…ach, das hatte ich Dir gar nicht gesagt?"

Danke für Deine Geduld und ich hoffe, dass Du davon noch jede Menge hast.
„Ich bin dann mal weg"

P.S.
Ich liebe Dich

DANKSAGUNG

Eines Tages rief mein Freund & Hoteldirektor Paolo Masaracchia mich an und teilte mir mit: „Du musst für mich einspringen, das passt besser zu Dir!"
Bevor ich wusste, um was es ging, saß ich bereits im Flieger nach Teneriffa zu meinem ersten Dreh.
Dort wartete unser erfahrener Kameramann Florian von Carlowitz, kurz Flo genannt, auf mich, bzw. ich auf ihn, weil ich als Erster dort planlos wartete.
Unser umtriebiger und mit allen Wassern gewaschener Produzent Daniel Güldner saß noch irgendwo auf dem Flughafen fest und kam Stunden später.
So startete unsere jahrelange Zusammenarbeit, die wir später noch um meine ganze Familie erweiterten.
Diese beiden Filmprofis haben meinen Kindheitstraum wiederbelebt und beantworteten mir jahrelang mit „großer Freude" meine unzähligen stets „cleveren und präzisen" Fragen.
Danke an Euch Jungs, die Koffer sind immer gepackt für Euch

INHALT

1	Kamera	Seite 10
2	Objektive und Mounts	Seite 15
3	Kamerazubehör	Seite 21
4	Blende – Zeit - Shutter	Seite 24
5	Apps & Zubehör für das Smartphone	Seite 28
6	Mikrofone & tote Katzen	Seite 32
7	Beleuchtung	Seite 40
8	3-Punkt-Beleuchtung	Seite 54
9	Diffusor – Strahler - Softboxen	Seite 60
10	Stative und andere Stabilisatoren	Seite 65
11	Was heißt/ist eigentlich…?	Seite 70
12	Über den Autor	Seite 85
13	Impressum/Copyright	Seite 86

Vorwort

Wir wollen jetzt noch keinen Kinostreifen erstellen, denn das hier ist ein Einsteigerbuch.

Dennoch erwähne ich ab und zu das ein oder andere Fachwissen, damit Du „das und das" schon einmal gehört hast.
Auch einige, wenige Produkte führe ich hier gelegentlich auf, für die ich aber kein Geld von den Herstellern erhalte. Das ist dennoch wichtig, damit Du Dich damit beschäftigen kannst.

Beim Filmen wird zuallererst immer nur auf die tolle Kamera geachtet. Doch was nützt es, wenn Du das gesamte Geld beim Kauf dafür opferst und dann feststellst:
„Das Gerät sieht ja gar nicht alles?!"
Denn nicht alles, was wir filmen wollen, findet tagsüber statt.
Und auch tagsüber können wir Beleuchtungs-/Reflektionshilfen gebrauchen, denn viel Sonne wirft auch viel Schatten.

Mach Dir erst einmal über das Einsatzgebiet, das was Du gerne filmen willst - Hochzeiten, Beerdigungen, Imagefilme, ... - und über die Gesamtanschaffungskosten einen Überblick.

Ich empfehle Dir auch in meine Filmgruppe einzutreten, die Du auf meiner Homepage ariol-entertainment.de findest.
Klar kommt man sich zuerst ein wenig dumm vor, aber alle Mitglieder haben auch einmal klein angefangen und freuen sich, Dir mit Tipps unter die Arme zu greifen.
Und ruckzuck wirst Du feststellen:
„Ich habe das falsche Equipment gekauft!"
Fluter, LED-Strahler, Weichstrahler, Stufenlinsenscheinwerfer, Verfolger, HMI oder Leuchtstoffröhren, … Hilfe!
Und das waren erst einmal nur ein paar Begriffe aus der Abteilung „Licht".

Viel zu kompliziert. Erst wenn Du anfängst nach Deinem Geschmack zu filmen, zu streamen usw., wirst Du feststellen, was Du in Wirklichkeit benötigst.
Deshalb schaff Dir ruhig gebrauchte Geräte an, am besten mit ein wenig Garantie.

Und nun wünsche ich Dir viel Spaß beim Lesen und freue mich jetzt schon, Dich irgendwann kennenlernen zu dürfen.

Dein

Andreas
www.ariol-entertainment.de

Die Kamera

Ich meine hier nur Filmkameras, Videokameras, also Aufzeichnungsgeräte für das bewegte Bild.

Eines vorweg. Es gibt sehr viele verschiedene Hersteller von Kameras jeglicher Art, die alle ihren Vorteil haben.
Alle bekannten Marken sind echt gut und professionell in der Handhabung. Auch wenn ich hier und da mal eine Marke nenne, dann ist es einfach nur aus dem Erlebten heraus, ohne eine Note dafür zu vergeben. Dafür gib es andere Firmen, Prüfstellen, die dafür verantwortlich sind.
Ich will Dich nur ein wenig durch den Film-Dschungel führen, damit Du rasch einen kleinen, aber nützlichen Überblick bekommst und Durchstarten kannst.

„Aber ich habe doch Fotoapparate gesehen, die auch filmen können!?"
Ja, und zwar richtig gut.

Auch werde ich Dir hier kein Modell nennen, aber ich lenke Dich, damit Du Dir selbst klarer wirst, was Deine Wundermaschine alles können sollte.

Hier gibt es gleich mal den ersten seltsamen Hinweis, der vielleicht den ein oder anderen verwundern wird.
Die Hersteller haben die Länge der Videoaufnahme von Fotoapparaten auf 30 Minuten beschränkt.

Warum?

Bei Fotokameras entfällt nämlich der Einfuhrzoll. Würden die Aufzeichnungen länger als die besagten 30 Minuten gehen, dann wäre es ein Camcorder und auf diesen wird ein Einfuhrzoll von 4,9 Prozent erhoben. Und dann gibt es noch Geräte, die von externen Quellen aufzeichnen können. Hier schlägt der Zoll gleich mit 12,5 Prozent zu.
Ob man die Zeit irgendwie verlängern kann? Es gibt ja das Internet ☺.
Also, sollte jemand zufällig so ein Gerät in Norwegen oder der Schweiz erworben haben, dann hat das Gerät meist keine Beschränkung. Angeblich soll diese Regelung fallen oder teils schon gefallen sein, fakt ist aber, wenn ihr eine gebrauchte Kamera kauft, solltet ihr das vorher wissen.
Gerade für Hochzeitsfilmer, wäre es peinlich, wenn das frischvermählte Paar „Ja, ich will" sagt und die Kamera „nein, ich nicht" - Aufnahme im Eimer, Kunde traurig, Folgeaufträge … schwierig.

Andererseits haben die meisten Clips selten diese Länge, da die überwiegende Anzahl an Filmen, in vielen kürzeren Abschnitten gefilmt und im Schnittprogramm zusammengefügt werden.

Der Filmmarkt ist im letzten Jahrzehnt gefühlt ganz schön in Schwung gekommen. Kaum hat sich ein Modell etabliert, schon steht der Nachfolger in der Tür, aber dieses Mal mit 6K, 8K und und und...
Wieso eigentlich und was bedeutet das und benötige ich das sofort?
Klar, ich tendiere auch immer dazu, das Beste haben zu wollen. Ist das Paket dann Zuhause angekommen, stellte ich dann verlegen fest, es ist teils zu kompliziert, kombiniert mit dem „Ich-wundere-mich-Effekt", ups und der Einsicht:
„Da kann ich ja gar nicht mit umgehen."

Es gibt eine unüberschaubare Anzahl an guten Angeboten, vor allem für einen Anfänger oder Einsteiger.

Aber ist das auch das Richtige für mich? Das solltest Du Dich bei jeder Anschaffung mindestens zweimal fragen?

Vergleichen wir das einmal so:

Du hast Drillinge bekommen, musst Deine Schwiegermutter oft zum Arzt fahren, lieferst bei Deinen Kunden selbst gerne die Ware aus und der Bernhardiner braucht auch noch Platz im Auto.
Du kannst Dir nur ein gutes Fahrzeug kaufen.

Würdest Du in dem Fall einen Sportwagen fahren, einen Kombi kaufen, die Limo oder den SUV wählen, damit Deine Bedingungen optimal bedient werden können?

Siehst Du, so ist das auch mit den Kameras.
Mit einer Actionkamera kann ich auch eine Hochzeit filmen, aber es gibt bestimmt bessere Möglichkeiten.

Oder der Einsatz für eine Kamera beim Streamen, die ich aber auch zum Filmen außerhalb des Internets nutzen kann.

Hier bin ich z.B. sehr von Blackmagic überzeugt, weil die ihre Kameras über ihre „Atem-Mini-Serie" (lass Dich vom Namen nicht irritieren), wunderbar einbinden können.

Also, erst einmal darüber Gedanken machen, was Du gerne filmen möchtest, denn tolle Marken und super Produkte gibt es massig, besonders für einen Einsteiger.

Es gibt übrigens:
- 4K-Camcorder
- HD-Camcorder
- 4k-Smartphones
- Profi-Camcorder in Full-HD/4K/8K...
- Fotokameras in 4K/8K, mit denen man hervorragend filmen kann
- 360-Grad-Kameras
- ActionsCams
- Multikopter und bestimmt noch einiges mehr.

Es ist ein Irrtum, dass man nur mit einem Profi-Camcorder Geld verdienen kann, das geht mit jedem anderen Gerät auch.

Ich habe einen Kollegen, der filmt nur mit einer Drohne und hat sich auf Luftaufnahmen spezialisiert. Diesen kann man buchen, wenn man spektakuläre Aufnahmen von oben wünscht und so eine Drohne nicht beherrscht oder in diesem Luftraum selbst gar nicht erst fliegen darf.

Der Preis und das sei vorweggesagt, ist bei fast allen Angeboten nicht der Endpreis.
Deshalb reize Dein Budget nicht aus, denn Du benötigst für Deine rasch entstehenden Träume noch viel Geld für z.B.

Objektive und Wechselobjektive
Einige Kameras haben ein festeingebautes Objektiv, mit dem man fleißig hin- und heranzoomen kann. Das Verhalten macht Deinen Film so herrlich unruhig, aber das ist Ansichtssache und legt sich mit der Zeit.
Andere wiederum haben die Möglichkeit ein Objektiv für den jeweiligen Verwendungszweck anzustecken. Also ein Weitwinkel, wenn es mal eng wird, ein Zoom, wenn mein Motiv gaaaaanz weit weg steht und vieles dazwischen.

Lasst Dich nicht irreführen. Schaut Dir Deine Wunschkamera an und informiere Dich vor dem Kauf, was das Zubehör dafür kostet?
Und vor allem, ob Du das überhaupt mehr als einmal einsetzen wirst?

Gibt es auch Zubehör, was nur auf bestimmte Kameras passt?
Eindeutig JEIN.

Wenn Du eine Kamera kaufst, bei der man die Objektive wechseln kann, dann erhöht das zwar die Einsatzmöglichkeiten, es erhöht aber auch die Kosten.

Klar, man kalkuliert einfach ein Zoom hinzu und fertig?

Ganz so einfach ist es nicht, denn nicht jedes
Objektiv passt auf eine x-beliebige Kamera.
Und warum?
Weil z.B. alle automatisierten Features
(Eigenschaften) wie der Autofocus, die Blende,
...über das Kameragehirn gesteuert und an das
Objektiv weitergegeben wird. Und wenn das
Objektiv, aufgrund fehlender
Anschlussmöglichkeiten, sich nicht mit der
Kamera unterhalten kann, dann passiert nichts.

Wir fragen also den Verkäufer nach dem **Mount
(Anschluss,** Bajonett, ...) oder sehen im
Datenblatt nach.
Ein Objektivbajonett ist der verbreitetste
Objektivanschluss für Wechselobjektive. Je nach
Hersteller wird er unterschiedlich ausgeführt.
Ein Mount ist also ein Objektivanschluss für die
Verbindung von Objektiven und der Kamera und
wenn Du Glück hast, für Deine.

Sucht nach dem Mount-Anschluss, den Deine
Wunschkamera hat und schaue dann, welche
Objektive dazu passen.
Z.B. den EF-Mount von Canon findest Du an der
Blackmagic 6K pro. Wer sich zuvor eine 4K, quasi
den „Vorgänger" gekauft hat, der wird jetzt
feststellen, dass er seine bisherigen Objektive
nicht mehr einfach so nutzen kann, bzw. er
irgendeinen gut passenden Adapter dafür suchen
muss, da das ältere Gerät einen MFT-Mount hat.

Nun möchtest Du ja auch nicht bei jedem Kamerawechsel alle Objektive gleich neu kaufen, Du willst sie weiternutzen und deshalb ist diese Information so wichtig.

Also, beides topp Geräte, aber um einen Adapter kommst Du nicht herum.
Will man das? Deine Entscheidung, denn fragst Du so etwas in einer Filmgruppe, bekommst Du zehn verschiedene Antworten.

Und deshalb musst Du Dir im Klaren sein, welcher Objektivanschluss auf Deine Kamera passt?
Es werden dann Begriffe wie EF-Mount, L-Mount, LPL-Mount, B-Mount, RF-Mount, …& Mount Everest fallen.

Der bekannteste Mount für mich, ist der EF-Mount von Canon. Canon hat selbst viele hochwertige Objektive im Angebot, aber so können auch gute Fremdanbieter wie Zeiss, Sigma, Tokina, Samyang, Tamron, Voigtländer und wie sie alle heißen, sich überlegen, ob sie den Canonkunden nicht auch deren Objektive inkl. EF-Mount anbieten wollen. Und Du als Kunde bist nun sicher, dass dann das neue Teil auch ohne Probleme auf Deine Kamera passt. Du kaufst ja auch DIN A4 Papier, weil es genormt ist und bei jedem normalen Drucker eingesetzt werden kann.

EF-Mount
Der EF-Mount wurde von Canon entwickelt und ist ein Bajonettanschluss. Also eine schnelle feststell- und lösbare mechanische Verbindung zweier Teile in ihrer Längsachse, denn Kamera und Objektiv werden durch Ineinanderstecken und entgegengesetztes Drehen verbunden und so auch wieder getrennt.

Dieser Bajonettverschluss wurde für einen kürzeren Abstand zwischen Sensor und Linse des Objektivs konstruiert. Da Canon sehr beliebt ist, findest Du hier auch viele Fremdanbieter die Objektive mit EF-Mount anbieten.

F-Mount
Mit F-Mount bezeichnet man den SLR-Adapter von Nikon.

L-Mount
Das L-Bajonett definiert eine mechanische und digitale Schnittstelle zwischen Kameragehäuse und Objektiv.
Panasonic und Leica haben hier eine innige Partnerschaft.

LPL-Mount
Topp, aber das ist ein Anfängerbuch – ich erkläre das nicht, weil ich das auch nicht beherrsche.

MFT-Mount
Weit verbreiteter Standard für professionelle Objektive ist der Micro Four Thirds Standard (abgekürzt MFT). Ausgestattet mit MFT Mount Objektiven, wird sichergestellt, dass Du Deine Objektive an einer Vielzahl an Kameras unterschiedlicher Hersteller verwenden kannst.

RF-Mount
Das RF-Bajonett ist ein Mount für die Canon-Kleinbild-Systemkameras des digitalen Kamerasystems EOS R. Hier wird die Information zwischen Kamera und Objektiv ausschließlich digital übertragen.

Ich kann hier nicht über ein BESSER oder SCHLECHTER sprechen, Du musst bloß wissen, was Du Dir zulegst.

Übrigens, das gibt es auch bei anderen, wichtigen Teilen, bei denen die Ersatzteilpreise Dein Portemonnaie ebenfalls stark belasten können, z.B. der Akku.
Der Akku wird immer mal wieder nachgekauft werden müssen. Der erste Kauf wahrscheinlich sehr schnell, weil Du mit einem Akku nicht gerade weit kommst. Und beim Suchen nach einem tollen Angebot von Original-Akkus, wird Dir wahrscheinlich das erste Mal schlecht, wenn Du den Preis liest.

Du suchst dann bei Fremdanbietern nach einer günstigeren Lösung und fragst Dich, ob die fremden Akkus zu Deiner Kamera passen.
Ja, hier gibt es auch Mounts.

B-Mount
Der B-Mount ist ein offener, vollständig dokumentierter Industriestandard, den alle Akkuhersteller nutzen können. So kann man wunderbar „fremde" Akkus anschaffen, die man dann oft für schmaleres Geld erwerben kann.
Was heißt eigentlich „vollständig dokumentierter Industriestandard"? Hier kann der Fremdanbieter genau die Bedingungen erkennen, wie er sein Produkt herstellen muss, dass es auch zu dem Gerät passt, denn was nützt ein voller Akku, wenn man ihn nicht einrasten lassen kann.

Merkst Du was?
Wir haben noch nicht einmal richtig über die Kamera gesprochen, oder doch?
Aber nun hast Du genügend Informationen, so dass Du Dich auf dem Markt zurechtfinden „könntest". Und denke daran, kaufe ruhig gebrauchte Geräte, denn nach einem Jah weißt Du, was Du wirklich benötigst und das kannst Du nur selbst herausfinden.

<u>Übrigens möchte ich Dir noch ein wenig „Pflichtzubehör" nennen:</u>

Kameragurt – nicht unbedingt bei großen Studiokameras, das geht so auf den Rücken ☺. Wenn Du einen Kameragurt um den Hals hängen hast, kannst Du die Kamera von Dir wegziehen, damit der Gurt straff sitzt. Jetzt kannst Du mit der Kamera besser freihändigen Schwenks machen, da sich durch diesen kleinen Trick das Wackeln reduziert.

Kameratasche, Rucksack oder Koffer
Überlege Dir vorher was da alles reinpassen muss und ob Du damit im Flugzeug oder Auto umherreist.
Eines zählt immer beim Fluggepäck, Geräte (Drohnen, große Kameras) mit fest eingebautem Akku dürfen nicht in der Kabine mitfliegen.
Und die zweite Regel – Dein Inhalt ist interessant für Langfinger.
Was Du noch bedenken solltest, dass man bei einigen Fluglinien Filmgebäck anmelden muss, bzw. es teuer wird, wenn Du Dein Stativ als Sondergepäck abrechnen sollst.
Bei Dschungel-Exkursionen empfehle ich Dir einen großen, leichten und wasserdichten Rucksack.
Doch auch solche Einsätze haben ihre Tücken, wenn Du nachts im Wald Dein Zelt aufschlägst und die Steckdose für Dein Akku-Ladegerät suchst. Soll heißen, der Rucksack braucht Platz, viiiieeeel Platz für jede Menge Akkus.

Speicherkarten

Du wirst Dich wundern, was Speicherkarten so kosten können. Und wenn Du in ein fernes Land fährst, dann musst Du ja zahlreiche mitnehmen. Also informiere Dich vor der Anschaffung des Gerätes, ob Dein Speicherplatz bezahlbar ist oder ob der Speicher mehr als ein paar Hundert Euro kostet. Andererseits musst Du wissen, dass man nicht an der Qualität sparen darf, denn nachfilmen ist teurer als die Anschaffung eines guten Speichermediums.

Filter

Oh ha, hier geht es wieder los.
Einige schwören auf **UV-Filter**. Der meiste Grund dafür ist der Schutz des Objektivglas. Also müsst Du wohl ein gutes Markenprodukt kaufen, damit es die Objektivqualität (Licht, Farbstich) nicht verfälscht und im Falle eines Stoßes einfach zerbrochen in den Mülleimer wandert, ohne dass es Dein Bankkonto sprengt. Ich nutze derzeitig keins.

ND-Filter (Graufilter) – das ist so eine Art von Sonnenbrille für das Objektiv.
Einige Kameras habe diese eingebaut, in groben Abstufungen oder stufenlos, bei anderen musst Du sie vorne auf das Objektiv draufschrauben. Vorteil der eingebauten Variante ist die Sauberkeit, es bleibt staubfrei und Du kannst sie nicht vergessen.

Immer im Gebäck dabei:
- Panzertape
- Isolierband
- Kabelbinder
- Seitenschneider
- Werkzeugtool für Deine Anbauteile
- Sehr viele gefüllte Akkus
- gefühlte 1000 Ersatzbatterien
- usw.

Und für alle, die noch nicht genügend Schwierigkeiten haben

Du darfst nicht jeden Menschen einfach filmen, Kinder und Jugendliche schon einmal gar nicht. Einfach fragen und mit Kamera und Zubehör erkennbar auftreten.
Die meisten haben nichts dagegen, aber wenn die ein oder anderen es nicht wünschen, dann akzeptiere das.
Du kannst die Frage nach dem Einverständnis „by the way" aufnehmen, dann hast Du gleich einen Beweis, denn damit ist nicht zu spaßen.

Es sei denn, Du reist mit Produzent Daniel und Kameramann Flo nach Ägypten (Insider) und filmt sowieso UNDERCOVER.

Blende – Zeit – Shutter – Bilder pro Sekunde – Lichteinfall

Grundlegend musst Du Dich mit diesen Begriffen und 2000 weiteren vertraut machen.
Spaß beiseite, es kommt einem am Anfang nur so viel vor.

Es gibt noch verdammt viel mehr Möglichkeiten Dich zu verwirren, aber hier geht es erst einmal um die wichtigsten Infos zum Start – zumindest aus meiner Sicht - damit Du einen groben Überblick erhältst.

„Brauche ich nicht, ich stelle alles auf Automatik."

Wenn Du das tatsächlich vorhast, dann verschließt Du Dir die Tür für unzählig viele künstlerische Möglichkeiten. Gehe lieber das Risiko ein, dass die ersten Aufnahmen nicht so prickelnd werden, aber fange an zu experimentieren, um das Unmögliche möglich zu machen.

Nur wer sich traut die Automatik ab und zu auszustellen, der kann seinen eigenen Stil entwickeln. Vor allem, fängt ja hier erst der Spaß an.

Blende

Mit der Blende regelst Du, wieviel Licht auf den Bildsensor oder den „Film" fällt. Schau mal vorne in Dein Objektiv rein, während Du am Blendenring drehst. Hier kannst Du teilweise gut erkennen, wie sich die Lamellen der Blende verändern. Ansonsten schnappe Dir mal einen alten Fotoapparat, da wird es auch sehr deutlich. Die Blende verstellt die Größe des Objektiv-Lochs und regelt so die Menge des Lichteinfalls (Helligkeit).

Scheint viel Sonne, musst Du das Loch zudrehen und nur wenig Licht durchkommen lassen und umgekehrt.
Je kleiner die Blendenöffnung (Große Blendenzahl auf dem Blendenring), desto weniger Licht fällt auf den Sensor und umgekehrt.
Beschäftige Dich eingehend mit der Blende, denn sie hat großen Einfluss auf Belichtungszeit, Schärfentiefe und Schärfeeindruck (also, wenn man denkt es sei scharf).

Zeit

Das Loch im Objektiv ist übrigens nur offen, wenn Du filmst oder fotografierst, wenn Du quasi den Speicher mit Aufnahmen voll machen möchtest.

Das heißt, wenn Du eine schnelle Zeit beim Fotografieren eingestellt hast, dann ist das Objektiv schnell auf und schnell wieder zu. So kannst Du auch dafür sorgen, dass wenig Licht eindringt.
Nun war das gerade aus der Praxis mit Fotokameras, denn bei Videokameras haben wir auch noch einen Shutter

Shutter
Ursprünglich beschreibt es einen mechanischen Verschluss, mit dem man die Belichtungsdauer bei bildgebenden Systemen regelt — also festlegen, wie lange Licht auf das Filmmaterial oder den Sensor fallen soll. Es gibt noch eine Faustformel, die Du als Anfänger zuerst beachten solltest.
Wenn Du mit 50 **Bilder pro Sekunde** filmst, dann solltest Du Deinen Shutter auf das Doppelte stellen = 100.
Schaue auch mal im kleinen Lexikon unter **FPS.**

Sensor – steht im kleinen Lexikon

Lichteinfall
Das kennst Du vom Autofahren.
Scheint im Sommer die Sonne und Du musst genau in die Richtung fahren, benötigst Du eine Sonnenbrille oder eine Sonnenblende.

Das gibt es auch an/in der Kamera.
Die Sonnenbrille ist der ND-Filter, auch
Graufilter genannt – siehe hier im kleinen
Lexikon.

Die Sonnenblende ist ein Sichtschutz, der vor das
Objektiv gesteckt wird, außen herum natürlich
und nicht vor die Linse, denn das wäre der
Objektivdeckel.

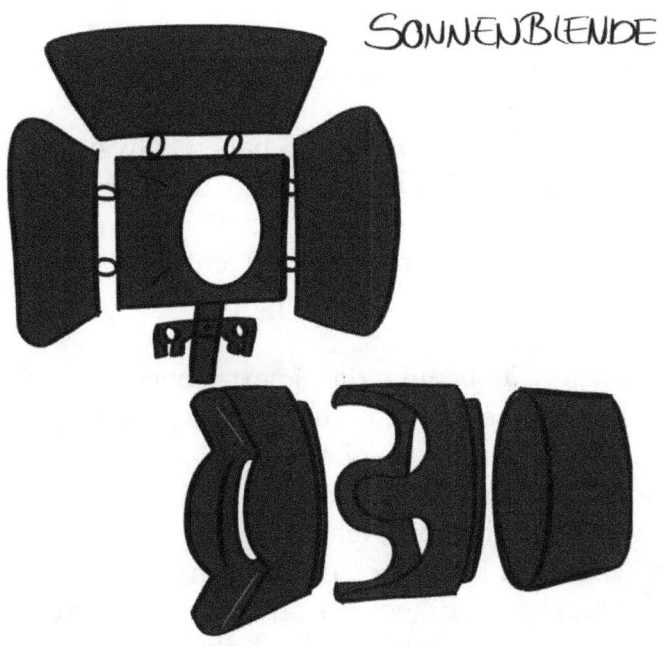

Dadurch kann der Sonnenstrahl nicht direkt auf
dem Objektivglas landen. Damit aber genügend
Licht reinkommt, sind diese Blenden sehr breit

im Durchmesser. Wenn sie zu eng wären, würdet Du die beim Filmen ja auch aufnehmen.

Teilweise haben die Sonnenblenden verstellbaren „Tore", also Klappen mit Scharnieren, damit man auf der sonnenabgewendeten Seite z.B. alles aufmachen kann, damit reichlich „normales Licht" zur Verfügung steht und umgekehrt.

Coole Apps für das SMART-PHONE

Die lieben SMART-PHONES haben teilweise ein Problem, wenn Du mit künstlichem Licht filmst und das Bild nachher ordentlich flackert, weil z.B. die Bildrate der Hertzzahl des Lichtes entspricht, z.B. bei der Neonbeleuchtung.

Das heißt, Du benutzt das Smartphone im Automatikmodus und musst Dir das Ergebnis gefallen lassen. Okay, okay, ein paar Einstellungen haben die auch.
Eigentlich haben die Handys eine rasante Entwicklung hinter sich und liefern beindruckende Ergebnisse ab. Und der größte Vorteil dieser stets bereiten Alleskönner ist, dass Du sie stets dabeihaben kannst.
Angeblich wurden bereits ganz Filme als **One-Shooter** (kleines Lexikon) mit dem Handy gedreht.

Schluss mit den unbeeinflussbaren Aufnahmen, denn dafür gibt es ein paar empfehlenswerte Apps's, mit denen Du Dein Handy beherrscht und es nicht Dich.
Die Apps haben den Sinn, dass Du Dein Handy nach Deinen Wünschen einstellen kannst und das inkl. einer manuellen Kamera-Schnittstelle.

Ein paar App-Namen, die Du Dir anschauen solltet. Und auf den leeren Linien, kannst Du neue oder topp Empfehlungen ergänzen, damit Du sie immer in Deinem Filmbuch bei Dir hast.

- Pro Camera
- Open Camera – Android
- Filmic Pro
- _____
- _____
- _____
- _____

Filmen ist eine Sache, das **Bearbeiten** (Post Production – siehe kleines Lexikon) eine andere. Hier ein paar hoffnungsvolle Apps.
Alles Geschmackssache, nicht von mir getestet, aber mit denen Du Deine Videos ordentlich bearbeiten kannst - also ein Arbeitsschritt nach dem Filmen:

- Clesh Video Editor
- InShot Video Editor
- Vlogit
- Magisto
- FilmoraGo
- AndroVid Videobearbeitung
- VidTrim Pro
- PowerDirector Video Editor App
- KineMaster
- Adobe Premiere Clip
- _____
- _____
- _____
- _____

Wenn Du jetzt noch ca.100 € in ein **Gimbal** (kl. Lexikon) investierst, dann machst Du richtig gute Filme ... es sei denn, Du filmst hochkant.
Oder hast Du Zuhause einen Hochkant-Fernseher?
Dann darfst Du das weiter so machen. Das Seitenverhältnis ist 16:9, so, wie die Profis filmen.

Der Cinema-Look hat veränderte Maße, ist aber auch quer.
Da siehst du dann oft oben und unten schwarze Ränder am Bildschirm.

Es gibt auch genügend Stative, in denen Du Dein Handy einklemmen kannst.

Übrigens, wenn Du Deine Ellenbogen an Deine Hüfte drückst und den Rest Deiner Arme nach vorne ausstreckst, bekommst Du ein ruhigeres Bild, als wenn Du frei aus der Hand filmst.

Für Dein SMART-PHONE gibt es sogar noch viel mehr Zubehör.
Ich nenne mal, lediglich aus meiner Sicht, die Wichtigsten.
Weitwinkel, Teleobjektive, die Du entweder anklemmen oder per Magnet draufsetzen kannst. Mittlerweile bereichern auch Funkstecken, externe Mikrofone, Filmlampen usw. den reichhaltigen und nicht immer sinnvollen Zubehörmarkt. Aber wo verdammt noch mal, bzw. wie kann man diese Dinge an ein Smartphone anbringen?

Wie bei den großen Geräten, bietet der Handel nun auch **Cages** und **Riggs** (kl. Lexikon) für Handys an, einfach großartig, den damit steigt der Einsatzbereich um ein Vielfaches und so manches SMART-PHONE sieht damit wie eine ausgewachsene Kamera aus.

Ob das Teil dann noch in Deine Hosentasche passt, ist allerdings fraglich.

Es gibt auch Geräte wie den Osmo Pocket, der ein Aufnahmegerät inkl. Gimbal ist.
Hier benutzt Du Dein Handy gleich als Bedienungselement. Der Vorteil ist, dass Du dadurch über ein großes Display verfügst und darüber auch das angesteckte Aufnahmegerät steuern kannst.

Diese Geräte haben einen eigenen Speicher und erlauben Aufnahmen von 4K, nach Druck des Buchs vielleicht schon viel mehr.

Aber Achtung, eine hohe Auflösung bedarf auch viel Speicherplatz. Denk darüber nach, ob eine HD-Aufnahme nicht völlig ausreichend ist, denn so passt auch gleich viel mehr Filmmaterial auf Deine Micro-SD.

Mikrofone

„Kein Bild, kein Ton, ich komme schon", so lautete früher bei uns zu Hause die Werbung im Linienbus (solche Durchsagen gab es früher tatsächlich).

Unschärfen im Film kann man verzeihen. Aber schlechte Beleuchtung, grelle und schlecht zu verstehenden Tönen nicht.

Filmen bedeutet auch vorbereiten, Licht und Ton richtig zu platzieren.

Haben alle Videokameras Mikrofone?

Nee, aber wahrscheinlich die, die Du Dir zuerst kaufen wirst.
Aber auch, wenn fast alle Kameras ein eingebautes Mikrofon haben, bedenke bitte, dass Filmkameras für die Aufnahme von bewegten Bildern gemacht worden sind und die Mikrofone meistens nur „Durchschnitt" sind.
Hast Du einen höheren Anspruch beim Ton, dann benötigst Du spezielle, externe Mikrofone.

Was haben wir denn da im Angebot?
- Stereomikrofone – erklärt sich von selbst, braucht nicht jeder
- Richtmikrofone – denk mal an die Spione. Die wollen auch hören, was der Kollege dahinten sagt und nicht was für Töne sonst noch aus der Umgebung kommen
- Reportermikrofone – haben teilweise gleich das Aufnahmegerät mit SD-Karte da drunter (Røde-Reporter mit z.B. einem TASCAM-Aufnahmegerät)
- Funkmikrofone und Funkstrecken – hier wird der Ton an ein Aufnahmegerät gesendet
- Lavaliermikrofone sind Ansteckmikrofone, die kleinen aus dem Fernsehen, die so cool aussehen.

- Ambisonics-Mikrofone – davon habe ich auch keine Ahnung
- USB-Mikrofone – kannst Du gleich an Deinen Computer anstecken, halt in den USB-Anschluss. Die Stromversorgung übernimmt meistens der Computer, genauso, wie Du Dein Handy am Computer lädst.
- Studio-Mikrofone – oft haben die so ein Sieb davor, auch Spuckschutz genannt. Dieses Sieb, eigentlich auch Diffusor genannt, bricht den Schall Deiner Stimme und macht ihn breiter und angenehmer in den Tonspitzen. Dadurch kommt Deine Stimme besser rüber und wird nicht durch Reflexionen und unnötigen Schall negativ beeinflusst.
Es reduziert auch die klassischen Zisch- und Popplaute der Buchstaben S, T, D und P Konsonanten auf ein erträgliches Maß. Aber wenn Du lispelst, dann schafft das Sieb das auch nicht zu filtern.
- Handy-Mikrofon – hierbei solltest Du auch gleich über eine gute **Handy-Foto/Video-App** (anderes Kapitel) nachdenken, damit Du das kleine, externe Mikrofon besser aussteuern kannst
- Bändchenmikrofon – fragt da mal einen anderen, da habe ich auch keine Ahnung von.

Das Ganze kann man dann noch, um richtig Verwirrung zu stiften, ergänzen um den Satz:

Auch gut sind **Kondensator-** und **Dynamische Mikrofone**.
Ein Kondensatormikrofon verwendet (üblicherweise) eine Membran, die vom Schall angeregt wird und entsprechend schwingt. Der Schall wird in Folge in ein elektrisches Signal umgewandelt. Ich will das nicht ausweiten, deshalb:
Kurz zusammengefasst kann man sagen, dass mit einem Kondensatormikrofon erstellte Aufnahmen sauberer klingen als mit einem dynamischen Mikrofon, denn der wichtigste Unterschied zwischen einem Kondensator- und einem Dynamischen Mikrofon ist die Empfindlichkeit.

Groß- und Kleinmembran-Mikrofon
Die Größe erklärt den Namen:
Großmembran, ab einem Membrandurchmesser eines Zolls (25,4mm).
Kleinmembran, mit einen Membrandurchmesser ab einem halben Zoll (12,7 mm) oder weniger.

Und dann gibt es da noch die Einteilung, die mit Batterie, Akku oder Phantomstrom (Phantomspeisung) funktionieren.
Ich denke, spätestens jetzt, müsste alles klar sein ☺.

Allgemeine Faustformel:
Kondensatormikrofone und aktive Bändchen betreibst Du mit Phantomspeisung – die anderen Mikrofone brauchen eine eigene Batterie, Akku, ...

Womit würde ich starten?
Du kannst auch ein absolut günstiges Mikrofon eines Anbieters aus Australien für ca. 50 € bestellen. Du wirst überrascht sein, was Røde da so anbietet. Bei dem Modell habe ich noch nicht einmal irgendeine Kategorisierung gefunden, da es als „Video Mikro Compact" ausgeschrieben ist. Egal, Du wirst überrascht sein. Ich hatte es mir damals auch als erstes Mikrofon zugelegt und es hat mich noch nie enttäuscht.

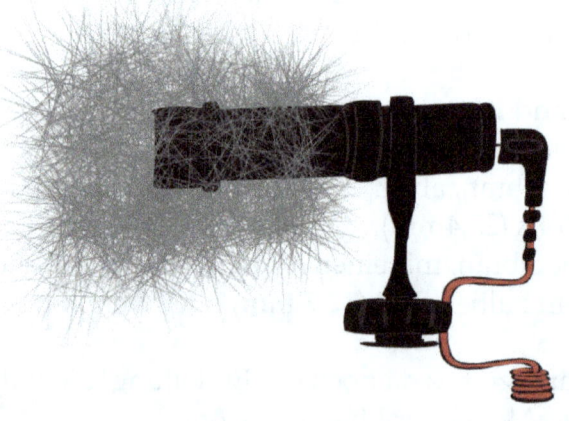

Mikrofon mit „Toter Katze"

Denk bitte an die tote Katze, die muss zu jedem Dreh mitgeschleppt werden - Miau!

Tote Katze = dead cat

So werden die Kunstfelle genannt, die man bei Außenaufnahmen über das Mikro stülpt.
Die Aufgabe dieser haarigen Variante ist es, Windgeräusche nicht an das Mikrofon zu lassen und dennoch einen einwandfreien Ton aufzunehmen. Bis zu einer gewissen Windstärke funktioniert das auch ganz gut.

Ich habe auch ein **Richtmikrofon** (siehe oben). Die Bauart ist erkenntlich an der Länge. Mit einem Windschutz Marke „Tote Katze", muss man bei der Arbeit im Weitwinkelbereich aufpassen, damit das Kunstfell auf der Aufnahme später nicht zu sehen ist.
Achtung bei Richtmikrofonen, hier wird der Schall/Ton überwiegend frontal aufgenommen.

Prüfe vor der Anschaffung auch die Anschlüsse, damit das Mikro nicht stumm bleibt. Dazu im nächsten Buch mehr.

Lavaliermikrofone
Das sind diese kleinen Ansteckmikros, die man gerne an die Kleidung heftet.
Die gibt es in grob gesagt in zwei Ausführungen:

Ohne Funk:
Hier muss das Aufnahmegerät irgendwo an der Rückseite der Person angesteckt werden und von dort geht ein Kabel bis zum Lavaliermikro, das meist oben am Hemdkragen o.ä. angesteckt wird.

Übrigens kannst Du das kleine Mikro auch außerhalb des Sichtbereiches, ein wenig unter der Wäsche, tragen, damit es nicht so auffällt.
Schlecht ist nur, wenn Hemdkragen oder Bart bei jeder Bewegung des Sprechers am Mikro kratzen. Diese Töne kannst Du dann später nicht mehr beseitigen.

Nachteil: das Aufnahmegerät hat meist zwei Batterien und eine Micro-SD-Karte als Speichermedium ... und das wiegt und ist dick.

Das bedeutet, dass wir nachher die Tonspur mit der Filmspur in Einklang bringen müssen.

Sollte die Batterie während der Aufnahmen ihren Geist aufgeben, dann merkst Du es nicht sofort. Also prüfe regelmäßig die Batterie und ob das Aufnahmegerät auch wirklich aufnimmt oder nur „on" ist.

Wenn es aufnimmt, erscheint meist einen Sekundenzähler o.ä. auf dem Display. Dann nimmt es auf und ist nicht nur an.

Mit Funk:
Du kannst gleich den Ton zum Sender schicken, der auf der Kamera befestigt ist. Dort wird der Ton in den Mikrofoneingang der Kamera eingespeist.

Vorteil, man muss die Ton- und die Videospur nicht synchronisieren – sehr angenehm, vor allem, wenn Du eine Szene zehnmal gedreht hast und nichts wieder findest.

Da kann Dir die berühmte **Filmklappe** helfen, die dafür eingesetzt wird. Kannst Du im nächsten Buch lesen, wir bleiben doch Freunde, oder?

Natürlich kann der Empfänger des Tons auch woanders stehen und auf einer separaten Spur aufzeichnen.
Dann musst Du allerdings später in der Post Production, die Ton- mit der Filmspur wieder passend zusammenbringen – viel Spaß, denn dafür brauchst Du ein wenig Erfahrung, Chips, Bier und Nerven.

Wenn Du die Tonaufnahme während des Aufnehmens über einen Kopfhörer kontrollierst, dann kannst Du böse Fehler von vornherein vermeiden.

Damit meine ich nicht die unangebrachten Wörter, die im Fernsehen mit einem lauten „Pieps" überdeckt werden, sondern das rechtzeitige Erkennen von z.B. Übersteuerungen.

Jedes Mikro scheint irgendwie anders zu reagieren.
Mach bitte einmal die gleichen Aufnahmen mit verschiedenen Mikros und notiere Dir die Werte für zukünftige Filme.

Mikro 01 - Lautstärkepegel auf _____
Mikro 02 - Lautstärkepegel auf _____
Mikro 03 - Lautstärkepegel auf _____
Mikro 04 - Lautstärkepegel auf _____

Mach das gewissenhaft, denn es gibt noch genügend Möglichkeiten weitere Fehler zu erzeugen.

Beleuchtung

Wichtige Lichtquellen für ein ordentliches Filmlicht
Vor dem Einschalten der Kamera kommt der Aufbau von Licht und ggf. externen Ton.

Das Einschalten der Kamera ist genauso, als wenn Du nach dem Schlafen die Augen öffnest.

Scheint draußen die Sonne und erhellt das Zimmer, dann wirken die Farben anders, als wenn Du bei Dämmerung aufwachst.
Sogar das einfache WEIß sieht mal grau oder mal strahlend aus.

Unsere Augen kennen das schon und regeln das Ganze automatisch, weil Dein Gehirn über genügend Erfahrung mit den jeweiligen Lichtverhältnissen verfügt und wir tatsächlich klüger als ein Objektiv sind.

Wenn nicht, dann verschenke das Buch lieber.

Du kannst natürlich auch einfach so FILMEN, aber das wäre suboptimal.
Deine Kamera will ein wenig Hilfe von Dir. Sie schreit nach einem **Weißabgleich**, auch „White Balance" kurz „WB" oder „AWB" (Auto White Balance) genannt.

Deine Kamera will also wissen, was unter den jeweiligen Lichtverhältnissen eigentlich das normale „Weiß" ist.

Also, sagst Du der Kamera durch diesen Abgleich, was bei den jetzigen Lichtverhältnissen Echtes „weiß" ist. Die einfachste Methode regelt das unter Zuhilfenahme eines weißen DIN-A4-Blattes aus dem Drucker.

Wenn Du nach langem Suchen endlich in Deinem Kameramenü den Punkt „Weißabgleich" gefunden hast, hältst Du bei der Ausführung einfach das Druckerpapier (bitte kein benutztes) mit ca. 70 cm Abstand vor das Objektiv und drückst den angegebenen Knopf - es sei denn, dass Deine Bedienungsanleitung etwas anderes sagt.

Nun rechnet Eure Kamera „ratz-fatz" aus, was unter diesen Lichtbedingungen „weiß" bedeutet. Du passt also in diesem Augenblick die Kamera an die Farbtemperatur des vorhandenen Lichtes an und dann weiß die Kamera auch sofort, wie sich die anderen Farben dazu verhalten.

Es gibt eine Vielzahl an Möglichkeiten, wie Du Deine Bilder, Videos oder LIVE-Streams positiv beeinflussen kannst.

Auch wichtig ist das richtige Videolicht und die akkurate Ausrichtung und Einstellung der Strahler.

Dazu empfehle ich jedem Einsteiger stets das Thema **„3-Punkt-Beleuchtung"** in diesem Buch. Die „3-Punkt-Beleuchtung" ist ein Grundwissen, mit dem Du schon eine Menge richtig machen kannst und die jeder Filmer kennen sollte.

Erst einmal ein paar Beispiele mit den **Leucht-Möglichkeiten**

Der **Baustrahler**, auch **Fluter** genannt
Diesen kannst Du für schmales Geld in jedem Baumarkt erwerben.
Er ist meist für Dauerlicht ausgerichtet und taugt oft auch für Außenaufnahmen.
Im Inneren des Scheinwerfers (im Reflektor) ist er meist mit einer Reflektionsschicht (oft Hammerschlag) ausstaffiert.

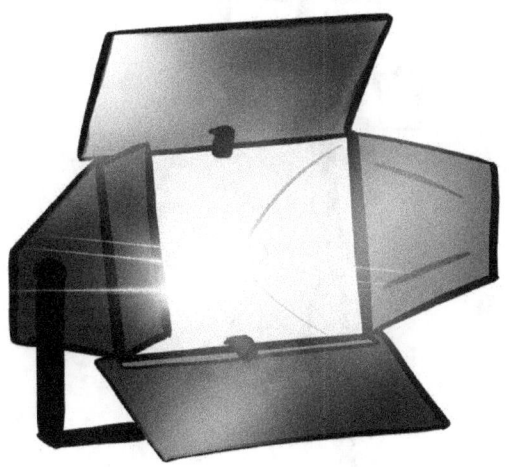

Baustellen Fluter

ACHTUNG: ein Baustrahler wird schweineheiß und Du kannst Dich fürchterlich am Gehäuse und vor allem am Glas verbrennen.

Die offiziellen Fluter für den Dreh verfügen noch über Klappen, sogenannte Tore und ggf. über eine Halterung für bunte Scheiben, die Du davor stecken kann.

Eigentlich habe ich bisher niemals bunten Scheiben vermisst, obwohl man ab und zu blaue gut benötigen kann – lies weiter, dann erfährst Du den Grund.

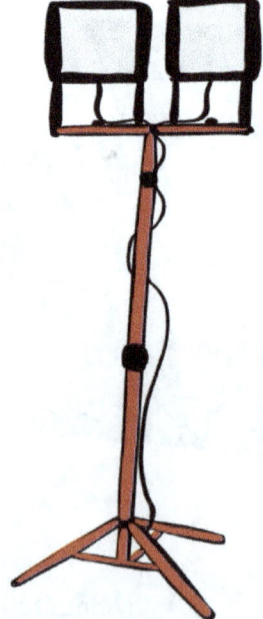

Doppelfluter

Beide Flutertypen eignen sich hervorragend, wenn man durch eine Schablone (Cookie) den Strahl lenken möchte.
Besonders dann, wenn die Schablone auch noch ein schönes Muster hat, kann es für ein märchenhaftes Bühnenbild sorgen.

Stufenlinsenscheinwerfer
Dieser Licht-Typ wird bei hochwertigen Scheinwerfern eingesetzt und hat eine „Fresnel-Linse".
Wenn Du in der Schule aufgepasst hast, dann weißt Du, dass diese in den Leuchttürmen Verwendung findet.
Der Scheinwerfer macht eine flächige Ausleuchtung mit einer sehr weichen Kante. Die Linse kann sogar den Austrittswinkel des Lichtes regulieren und fokussieren. Hier noch einmal ein wichtiger Hinweis: Das Stibitzen von Leichttürmen steht unter Strafe.

Bi-Color Dauerlicht mit LED
Hier kannst Du meistens die Helligkeit gemessen in Kelvin (K) und den Farbton einstellen (z.B. weiß bis gelb). LED-Licht ist im Grunde ein hartes Licht. Auch hier kannst Du mit Diffusoren, z.B. Softboxen, prima arbeiten und das Licht „weichspülen".

Das wird Dir besonders bei Nahaufnahmen positiv auffallen.

Der weitere Vorteil dieser Bauart ist, dass die LEDs auch wunderbar mit Akkus eine Weile durchhalten und nicht heiß werden. Auch die Haltbarkeit der Leuchtmittel ist ziemlich lang. Ich hatte bisher keinen Ausfall, allerdings gefällt mir das Licht nicht zu jeder Situation.

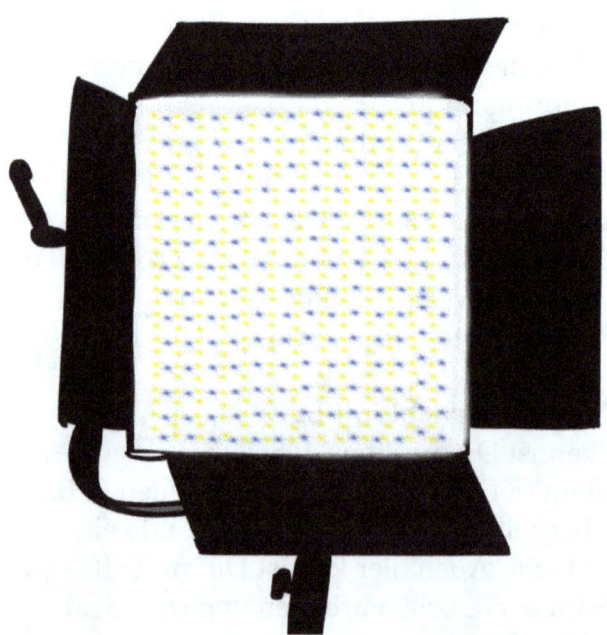

Bi-Color Dauerlicht

Halogenscheinwerfer

Vorteile des Halogenscheinwerfers ist das warme und weiche Licht. Wenn Du das dann noch mit einer Sofbox kombinierst, dann hast Du eine sehr hohe Qualität. Leider muss Du das Leuchtmittel öfter ersetzen als bei den LED-Strahlern.

Ringleuchten

Oh je, das sind ja überhaupt nicht meine Lieblinge, weil sich stets Lichtkränze um die Augen (Iris) bilden, falls das Licht bei Brillenträgern sich nicht vorher schon im Glas spiegelt. Damit sieht man aus wie vom Mars. Es ist natürlich eine einfach zu handhabende Lösung für Handyaufnahmen, mit dem Du rasch mal ein Kurzvideo erstellen kannst.

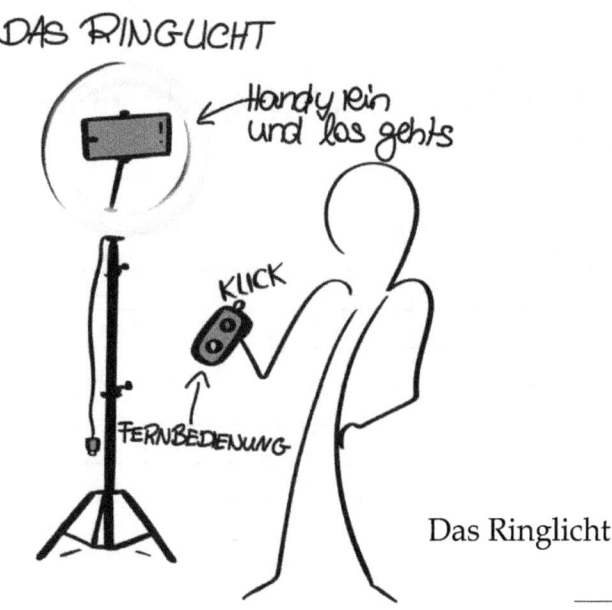

Das Ringlicht

Wenn Du über genügend Lichtquellen an Deinem Schreibtisch verfügst, solltest Du vielleicht erst einmal versuchen, ob damit bereits eine ausreichende Qualität für z.B. eine Videokonferenz erreicht werden kann.
Manchmal reicht es bereits für eine gelungener Internetübertragung aus.
Denn Du musst ja auch nicht immer 100% Deines Gesichtes gleichmäßig ausleuchten, es sei denn, Du arbeitest in einem Labor.

In dem Lichtring ist meistens auch noch ein Adapter, ein kleines Stativ, zur Aufnahme Deines SMART-PHONES. Nur leider meistens hochkant – bitte quer knicken.
Für jeden Filmer ist das ein Graus. Es nervt, aber ich muss es nochmals betonen:

„Wir filmen stets im Querformat!" Ausnahme Instagram.

Notizen

_____
_____
_____
_____
_____
_____
_____
_____

Ersatzbirnen

Was hier aussieht wie ein Sparlampe aus dem letzten Jahrhundert, entpuppt sich als „Birne" mit Tageslicht.
Bitte beim Wechseln nicht auf eine Sparbirne von 1990 zurückgreifen, das hat wenig Sinn – siehe auch Kelvin (kleines Lexikon).

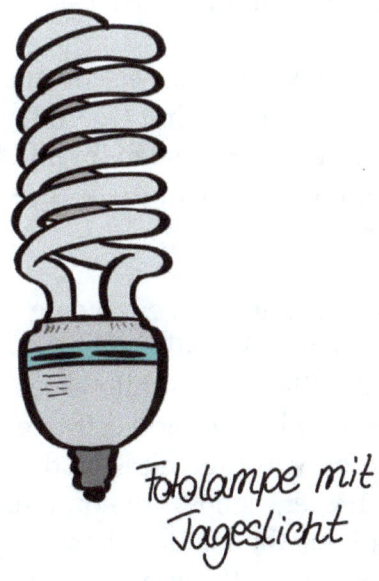

Fotolampe mit Tageslicht

Ich benötige folgenden Leuchtmittel:
_____
_____
_____

Mischlicht

Das Mischlicht besteht, wie der Name es schon fast verrät, aus künstlichem und natürlichem Licht.

Das solltest Du auf alle Fälle vermeiden.
Wenn Du das nicht glaubst, dann mach doch einmal folgenden Test:
Filme eine Person, die von einer Seite Licht durch ein Fenster bekommt und deren andere Seite Du mit künstlichem Licht erhellst.

Das ist eine klassische Mischlichtsituation.
Beim Begutachten wirst Du erkennen, dass Du irgendwo einen Farbstich im Bild hast, je nachdem welche Lichtquelle die Person stärker beleuchtet.

Den Effekt kannst Du ein wenig abfedern.
Spanne vor die künstliche Lichtquelle einfach einen Blaufilter oder schließe das Fenster lichtundurchlässig und bestrahle die Person auch von dieser Seite aus mit Kunstlicht, denn es ist immer besser, den Raum komplett abzudunkeln und einheitliche Lichtquellen mit gleicher Farbtemperatur (Kelvin) zu verwenden.

Deine Erfahrungen

_____
_____
_____

Tageslicht (daylight oder available Light)
Das Tageslicht hat eine Farbtemperatur von 5300 Kelvin. Und wie Du es schon raushörst, rede ich hier nicht „bei Sonnenuntergang", sondern einfach über die Lichttemperatur gemessen in Kelvin (K) am Tag.
Licht besteht aus einem Spektrum – siehe **Kelvin-Tabelle/Skala.**

Ganz grob gesehen kannst Du zwischen drei Lichtfarben unterscheiden:
Warmweiß – das hat weniger als 3.300 Kelvin (K)
Universalweiß - zwischen 3.300 und 5.300 Kelvin
und Tageslicht - mehr als 5.300 Kelvin Farbtemperatur.

Ab und zu lese ich auch eine höhere Zahl, 5500 K. Dieses zählt demnach als sonniges Tageslicht am Mittag usw., das ist für Dich jetzt erst einmal völlig ausreichend zu wissen.

Farbtemperatur – Kelvin allein zu Haus?
Die Farbtemperatur wird also in **Kelvin (K)** gemessen und steht auch so im Angebot der Filmlampenanbieter.

273,15K entspricht übrigens einer Temperatur von 0°C, also dem unseres Nullpunktes.

Farbtemperatur gemessen in Kelvin (K)

Tiefe Zahl = warmes Licht (rötlich)
Hoher Wert = kühles Licht (bläulich)

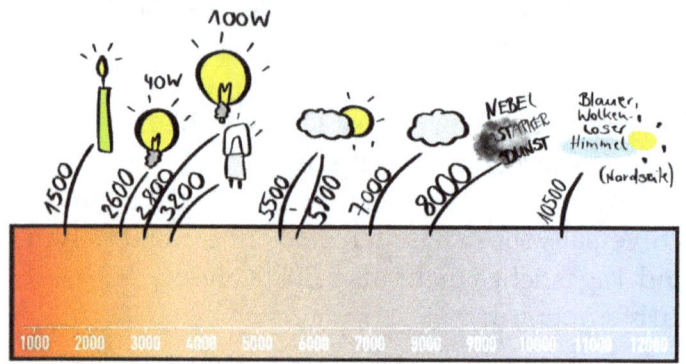

Kelvin ist aber einfacher zu rechnen. 0 Kelvin ist die tiefste technische Temperatur und entspricht -273,15 °C oder für unsere amerikanischen Freund aus Hollywood -459,67 Fahrenheit.
Kälter kann es technisch nicht werden und somit ist alles danach im Plus zu rechnen. Ob Du so einen Hinweis überhaupt brauchst?

Ist **WEIß** eigentlich eine Farbe?
„Weiß" wird als **Farbe** gesehen, da in **weißem** Licht alle **Farben** des sichtbaren Lichtspektrums enthalten sind.
Du musst nur genauer hinschauen.

Reflektor

Ach, da fällt mir noch eine stromunabhängige Lösung ein, wie Du so manche dunkle Ecke erhellen kannst.

Du hast sicherlich bei einem Foto-Shooting schon mal einen Gehilfen gesehen, der mit so einer reflektierenden Scheibe/Wand rumgelaufen ist. Schau mal im Kapitel „**Diffusor**" nach.

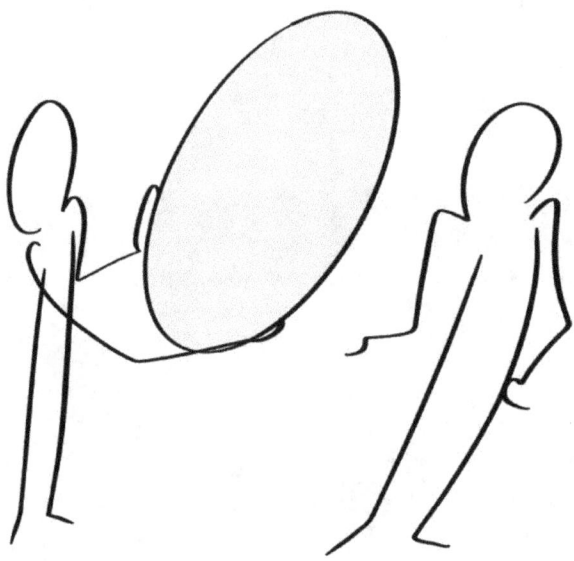

Reflektor - oft bei Foto-Shootings

3-Punkt-Beleuchtung

Die klassischste aller Film-Beleuchtungen ist die 3-Punkt-Beleuchtung.
Wie der Name bereits ausdrückt, kommen hier drei Lichtquellen zum Einsatz.

Die Frage ist nur WELCHE, WO und WIE stehen die Lichter (zueinander) und wie ist die Aussteuerung?

Wichtig ist, dass Du hier nicht einfach drei Lampen „volle Pulle" angeknipst, sondern dass Du die drei Lichtquellen zum Motiv/Person optimal ausrichtest.

Schaue Dir genau die Skizze an:

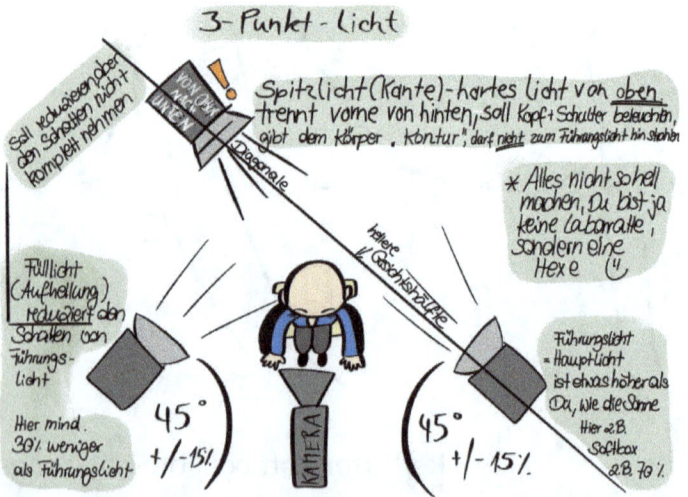

Natürlich kannst Du das gezeigte Beispiel auch komplett drehen, d.h. links ist rechts und umgekehrt.

Ich möchte Dir nun das Bild erklären:
Führungslicht
Vorne rechts siehst Du das „Führungslicht".
Wie der Name bereits beschreibt, übernimmt dieses Licht die Führungsrolle. Es ist das Hauptlicht.
Jedes Licht, jeder Anbieter hat hier seine eigenen Einstellungen, deshalb gehen wir hier einmal von 70% der maximalen Lichtleistung aus.

Dieses Licht, erhellt in diesem Beispiel, die zugewandte, von uns aus gesehene rechte Gesichtshälfte von Dir.
Und da ich nicht rechte Gesäßhälfte geschrieben haben, kannst Du Dir ja vorstellen, dass das Stativ und somit die Lichtquelle etwas höher eingestellt sein muss als Dein Gesicht.

Warum?
Wie heißt die natürlichste Lichtquelle der Welt?
Richtig, es ist die Sonne. Und die Sonne kommt immer von oben.
Für die Korinthenkacker unter uns, ich rede hier nicht vom Sonnenuntergang.
Aber nicht von der Höhe übertreiben, nur ein wenig höher als Dein Gesicht.

Fülllicht
Die linke, vordere Lichtquelle heißt „Fülllicht".
Dieses Licht ist dafür da, den vom Führungslicht
entstandenen Schatten im Gesicht von Dir, zu
reduzieren, denn sonst hättest Du eine sehr helle
Gesichtshälfte und eine absolut dunkle.
Dieses Fülllicht, stellst Du in unserem Beispiel
auf 40%, also 30% an Kraft weniger als das
Führungslicht (Hauptlicht).
Nimm diese Zahlen nie so statisch, also nie als
unumstößlich, denn es kommen noch viele
Faktoren hinzu, die das <u>Licht beeinflussen</u> – z.B.
die Wandfarben. Weiß reflektiert und schwarz
schluckt das Licht.

Warum?
Wenn Du beide Lampen gleich eingestellt hättest,
wäre Dein Motiv/Model vor der Kamera „schön
gleichmäßig" hell ausgestrahlt.
Aber wo bitte in der Natur, hast Du eine
gleichmäßige Ausstrahlung durch das Licht?
Wir werden einen natürlichen Look darstellen,
der Dich nicht wie ein beleuchtetes Opfer
aussehen lässt, sondern bei der auch Ambiente,
Atmosphäre entsteht, denn das ist ja die Aufgabe
von Filmlicht.

Na und?
Du willst gar keinen „Hollywood Blockbuster"
drehen?

Du möchtest nur ein Seminar über eine Konferenzplattform abhalten, oder live streamen, ... und vielleicht noch das Ganze aufzeichnen, damit es jederzeit als Tutorial dienen kann?

Genau, dass ist der Grund, denn aufgepasst:
Es gibt laut einer Studie eine Messung, wie Kommunikation geschieht.
Die menschliche Kommunikation besteht nämlich zu 55% aus der Körpersprache (die man dann auch optimal sehen muss) und zu 38 Prozent aus stimmlichen Faktoren.

Das bedeutet, wenn wir Licht und Ton im Griff hätten, dann können wir schon mit bis zu 93% auf den Putz hauen.
Und der Inhalt?
Lediglich 7% der wahrgenommenen Information, macht tatsächlich der Inhalt des Gesagten aus.
Kannst Du ruhig überprüfen.

Denkst Du immer noch, dass das Licht nicht Deine volle Aufmerksamkeit verdient hat?

Übrigens
Wenn Du im Raum ein seitliches Fenster hast, da wo z.B. eigentlich das Fülllicht steht, kannst Du das Licht von draußen auch dafür nutzen – denke aber an die blaue Folie für den Kunststrahler, damit Du Farbstiche minimierst.

Und wo ist das dritte Licht?
Schau noch einmal genau in die Zeichnung.

Spitzlicht
Vom Hauptlicht (Führungslicht), geht ein Strich
(Diagonale), durch das Motiv/dem Model durch
und endet bei Deinem letzten Licht.
Dem Spitzlicht, auch Kante genannt.
Dieses Licht ist ein hartes Licht und jetzt
aufgepasst,
es befindet sich hinter dem Motiv und damit
meistens genau gegenüber (auf der Linie der
Diagonalen – siehe Bild) vom Führungslicht.
Am besten kommt es von schräg oben und das in
einem Winkel zwischen 15 – 45 Grad.
Was heißt das auf Deutsch?
Das Licht kannst Du gerne oben an die Decke
schrauben oder wenn Du hast, an eine **Traverse**.
Von dort strahlt es schräg auf Deine Schulter
oder Deinen Kopf.

ACHTUNG: Das Licht darf nicht zu schräg
(hoch) strahlen oder gar auf das Führungslicht
gerichtet sein, da sonst die Kamera zu viel
Gegenlicht erhält.

Na, dann kann ich doch gleich eine
Nachttischlampe hinter mir anmachen, wenn es
nur den Hintergrund beleuchten soll?

Die Aufgabe des Spitzlichtes ist es Räumlichkeit vorzutäuschen, bzw. zu betonen. Dadurch, dass dieses Licht auf dem Kopf/Schulter Deines Models von hinten strahlt, entsteht eine Lichtkante um die Person herum. Dieser Effekt sorgt dafür, dass der Raum Tiefe bekommt.

Wenn Du vor Deiner WebCam sitzt, einfache Aufnahmen, Aufzeichnungen machst, dürfte das Licht dafür optimal sein.
Falls Du solch eine Aufnahme in einem Studio machst, weil Du z.B. ein Tutorial oder ein Interview aufzeichnen möchtest, dann kannst Du den Raum ggf. hinten noch mit schwarzem Vorhang als **Hintergrund** abhängen und Bodenlampen (die nach oben leuchten) in den Farben orange und blau einsetzen.

Diese beiden Farben sorgen zusätzlich für ein Raumgefühl.

So weit, so gut.
Es sieht immer noch schrecklich aus, was habe ich falsch gemacht?
Oft siehst Du, dass bei Brillenträger sich zwei Leuchtpunkte in den Gläsern widerspiegeln.
Das liegt daran, dass die Beleuchtung aus einem kräftigen Lichtstrahl auf das Gesicht klatscht, also hart und ungebremst.

Auch wenn Du keine Brille trägst, erscheint Dein Gesicht leichenblass und Deine Umgebung stockdunkel.

Meine Empfehlung ist, dass Du Dir für die vorderen Lichtquellen, also dem Führungs- und Fülllicht, **Softboxen** besorgst.
Diese sorgen für ein weiches Licht, dass sich relativ gleichmäßig verteilt und die Schattenbildung einschränkt.

Beim Spitzlicht ist Dir sicherlich aufgefallen, dass ich „hartes Licht" in der Zeichnung geschrieben habe. Hier meine ich, dass das Licht ungebremst auf Dich hinuntersaust, ohne eine Streuung durch z.B. eine Softbox (**Diffusor**) zu erhalten.
Hartes Licht kann auch durch die Farbtemperatur (**Kelvin**) gesteuert werden.
Und gleich noch eine wichtige Anmerkung, wenn Du „Kelvin" gleich studierst: Mische niemals künstliches mit natürlichem Licht – lies vorher unter „Mischlicht" nach.

Diffusor – Strahler - Softboxen

Es gibt verschiedene Arten von **Diffusor**en und die haben nichts mit denen eines Automobiles zu tun.
Ein Diffusor beim Film ist ein Hilfsmittel, um hartes direktes Licht weicher zu machen.

Es soll extreme Licht-Schatten-Kontraste sowie störende Reflexe reduzieren. Ein Diffusor sorgt ebenfalls für eine gewollte, kontrollierte Streuung des Lichtes.

Warum?
Nicht jedes Licht soll wie ein Zirkus-Spot direkt den Akteur bestrahlen und den Rest im Dunkeln lassen.

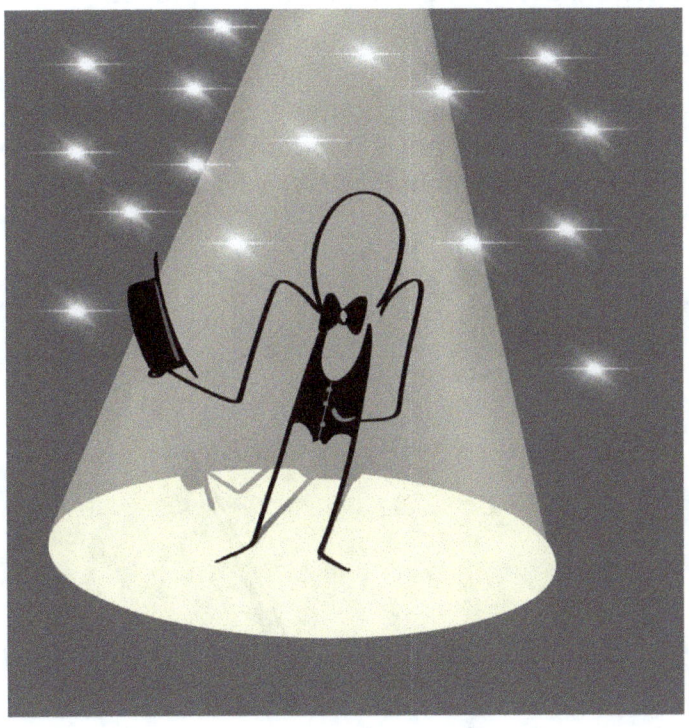

Punktstrahler in Manegen

Gerne möchte man bei einigen Aufnahmen ein natürliches Licht simulieren und da dient als Beispiel das gewöhnliche Tageslicht per Sonnenkraft.
Hier wird vor einem Strahler ein Diffusor gehalten, geklammert, gesteckt, …, damit der direkte Lichtstrahl dort auftrifft und breit bricht und somit viel mehr gleichmäßig z.B. im Studio ausleuchtet, ohne das der Zuschauer sofort erkennt, dass das Licht aus einem Strahler kommt.
Die günstige Variante ist, wenn Du Dir aus Mutters Küche das Pergament-/Backpapier unter den Nagel reißt und es vor dem Strahler mit den ebenfalls „ausgeliehenen" Wäscheklammern befestigt.

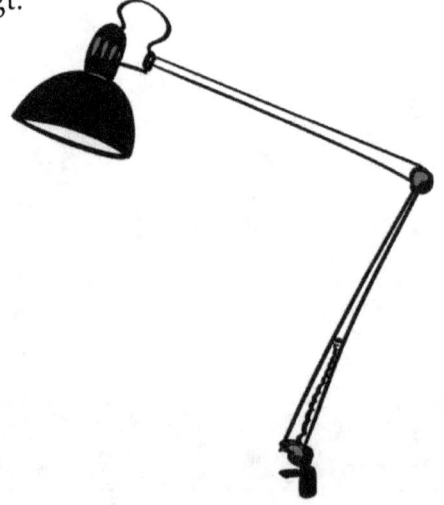

gewöhnliche Schreibtischlampe

Am Anfang kannst Du ruhig ein paar Szenen mit Deiner Schreibtischlampe austesten, bevor Du wild drauflos Lampen bestellst.

Professionelles Equipment gibt es im Internet zuhauf.
Wenn Du viel Platz und ein eigenes Studio hast, dann kannst Du am besten gleich eine fahrbare „Spanische Wand" kaufen, zumindest sieht das Teil so aus.

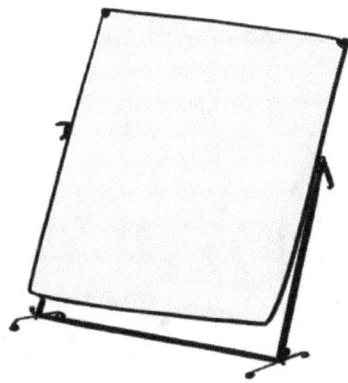

Fahrbarer Reflektor

Diese Wände sind flexibel einsetzbar für Haupt-, Aufhell-, Effekt- oder Hintergrundbeleuchtung und verfügen am besten über Räder mit Feststellbremsen.

Du kannst Dir auch selbst einen Reflektor basteln. Entweder nimmst Du einen kaputten Spiegel (vom Sperrmüll), haust das Glas komplett raus und beklebst es mit Aluminiumfolie. Woher Du die bekommst, dass kannst Du Dir ja mittlerweile denken – Küche!

Softbox
Eine **Softbox**, in der ein Strahler das Innenleben beleuchtet und gleichmäßig breit das Licht beim Austritt verteilt, kannst Du mittlerweile im Internet für wenig Geld erwerben.

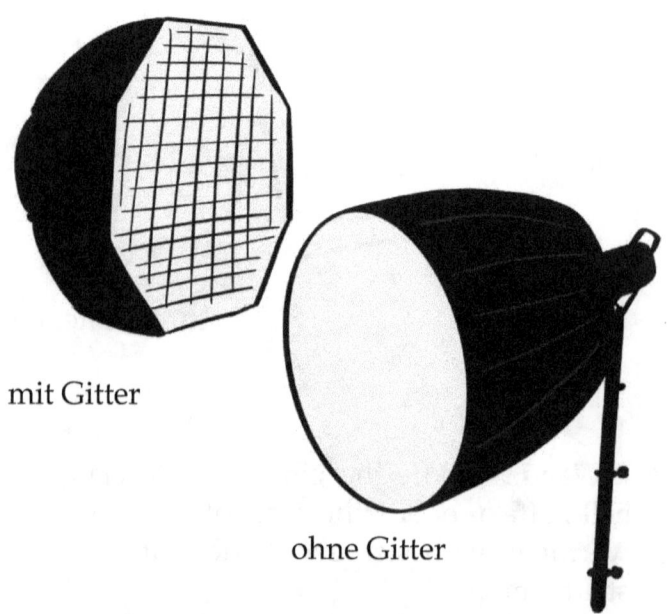

mit Gitter

ohne Gitter

Kauf gleich ein Set, bei dem auch ein (Stoff-) Gitter dabei ist, denn diese Waben sorgen dafür, dass das Licht innerhalb einer Fläche nahezu bleibt und nicht unkontrolliert nach rechts und links alles beleuchtet – es sei denn, Du willst es so haben.

Übrigens, diese Softbox muss ja irgendwie am Strahler angebracht werden. Das ist nichts anderes, als wenn Du im Kinderzimmer die Ballonlampe aus Papier an der Fassung mit einem Ring festschraubt. Und hier benötigt man einen **Bowens-Adapter/Anschluss,** damit die Softbox nicht am Leuchtkörper hängt und warm wird.

Schau Dir dazu auch das Kapitel **„3-Punkt-Beleuchtung"** an.

Stative und andere Stabilisatoren

Zwei Wörter und damit jede Menge Möglichkeiten sein Geld loszuwerden.

Tischstative sind für externe WebCams, ActionCams und so einem Kleinkram ausgelegt. Nicht immer standfest, also schön auf Deine Ausrüstung aufpassen.

Gerne werden die Stative mit einem Adapter auch für Handys eingesetzt. Und ich kann es gar nicht oft genug sagen – auch mit einem Handy wird QUER gefilmt.

Dreibeinstative sind die bekanntesten Stative, die es in allen Qualitätsvarianten gibt.
Bitte spare nicht bei der Anschaffung, denn hier ist absolute Standfestigkeit das Non-plus-Ultra. Denn bei Windstoß etc., muss Dein Prachtstück fest wie ein Fels in der Brandung stehen. Eine Kamera mit Anbauteilen (Licht, Micro, Speicher, Funk, …) wiegt rasch zwischen 3-10 kg, einige noch deutlich mehr.
Übrigens, helfen Stative auch dabei, dass Dein Film ruhiger ist. Auch das manuelle Verändern der Blende, Shutter, Focus, … lässt die Kamera in der Hand ein wenig wackeln. Und wenn Du gerade per Zoom einen Vogel, der ganz weit weg auf einem Baum sitzt und ins Nest kackt ins Visier genommen hast, dann wird das „etwas" Wackeln sehr, sehr deutlich im Film zu sehen sein.

Siehe auch **Post Production**

Übrigens kannst Du auf einem Stativ keine Kamera festmachen. Dafür benötigst Du einen Stativkopf und eine (Schnell-) Wechselplatte, damit Du Deine Kamera rasch fest- und abmachen kannst.

Ach übrigens, schau mal unter **Rig** und **Cage** in unserem kleinen Lexikon nach, falls Du Deine Kamera damit ausstatten möchtest, um Anbauteile besser anbringen zu können.
Ein Cage umschließt Deine Kamera und Du musst dann eventuell diesen an das Stativ „heften".

Mein erstes Stativ war schon etwas älter und hat einen klassischen Kugelkopf. Wenn ich den Kopf, auf dem die Kamera saß, nach rechts und links versucht habe zu schwenken, dann ging das nicht immer ruck frei von statten.
Schau bitte, ob Dein neues Stativ seidenweiche Schwenks erlaubt und ob es dort eine Schraube gibt, mit der Du die Bewegung erschweren/erleichtern (arretieren) kannst.

Wichtig ist, dass Du die Bewegungen flüssig und ruck frei ausführen kannst. Gehe dazu in ein Fachgeschäft und teste es aus und spare hier nicht an der Qualität.

Wenn Du früher gedacht hast, dass ein Stativ 150 € kostet, wirst Du schnell feststellen, das kostet so mancher Fluidkopf.

Gimbals sind Stative, die an eine Kamera angebracht sind, um diese stets im Gleichgewicht zu halten. Das bedeutet, sie gleichen die Bewegung des Kameramann (m/w/d – zählt überall im Buch) aus. Beachtet hier bitte die Belastbarkeit in Kilo, denn sonst funktioniert das gute Stück nur noch als Selfie-Stab.
Ein üblicher Gimbal hat drei Achsen.
Bei einem exakt ausgerichteten Schwerpunkt (Kamera) werden Bewegungen automatisch ausgeglichen.
Schau mal nach Deinem ersten Hollywood-Blockbuster auf Deiner neuen Yacht nach, denn man nutzt dieses Prinzip ebenfalls, um einen Kompass stets waagerecht zu halten.

Slider fahren mit der Kamera meist auf einer Schiene spazieren. Oft werden diese für Produktfilme eingesetzt.
Wenn Du dieses Ausstattungsteil nicht oft benötigst, kauft es gebraucht oder simuliere den Vorgang.
Wie?
Lege vor das zu filmende Motiv ein plan geschliffenes Holzbrett. Darauf packst Du einen glatten Wollpullover ohne Strickmuster und darauf die Kamera. Kamera ausrichten, starten und den Pullover am Ärmel am Motiv vorbeiziehen. Die Kamera gleitet völlig smoothe über das Brett – fertig ist die Aufnahme.

Slider gibt es übrigens mit manuellem und mit motorisiertem Antrieb. Hier bitte ich vor dem Kauf eines Schnäppchens auf echte Bewertungen zu achten, damit Du die Motorengeräusche später nicht auf Deiner Tonspur hörst und/oder das nicht flüssige Bewegungen Deinen Film verwackeln. Ersteres zählt natürlich nur, wenn die Kamera gleichzeitig den Ton aufzeichnen soll und Du nicht z.B. **angelst**.

Objektive/Kamera
Was haben denn diese beiden Begriffe hier zu suchen? Tatsächlich haben einige Kameras und/oder aber auch Objektive Stabilisatoren bereits eingebaut, so dass es für den Filmbegeisterten oft möglich ist, unter guten Bedingungen aus der Hand zu filmen, ohne dass alles völlig verwackelt. Das ist auch einer der Gründe, warum das eine Objektiv, trotz vermeintlich gleicher Daten, erheblich teurer ist als das andere. Denn auch hier zählen die inneren Werte.

Des Weiteren ist zu sagen, dass Du in der „Post Production" (so nennt man den Arbeitsplatz/den Arbeitsschritt, an dem die Filme/Clips mit dem Schnittprogramm zusammengefügt/bearbeitet werden), die Aufnahmen auch nachträglich stabilisieren kannst.
Das alles hat natürlich seine Grenzen.

Was heißt/ist eigentlich ...?

4K – siehe Videoauflösung

Angeln
Das hat mit Fischen nicht viel zu tun. Hier wird das Mikrofon an einer langen Stange befestigt und außerhalb des Kamera-Sichtbereiches über die Schauspieler oder den Sprecher gehalten. Dir ist das sicherlich einmal bei einem gemütlichen Filmabend aufgefallen, dass am oberen Bildrand plötzlich ein Mikro (oft mit „Fell" – siehe Dead Cat) auftauchte. Dann hatte der Ton-Assistent einen lahmen Arm bekommen und war zum Ärger aller ins Bild gerutscht. Der Assistent hat dann meist noch ein Aufnahmegerät um den Hals, einen Kopfhörer zur direkten Kontrolle der Tonqualität auf den Ohren, ist für die Tonspur und den Kaffee verantwortlich.

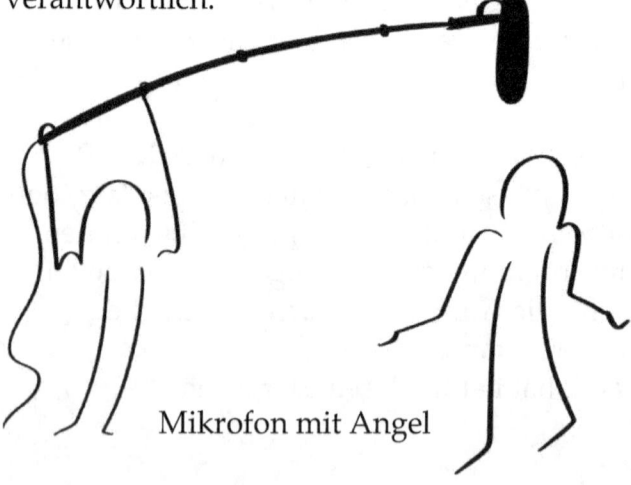

Mikrofon mit Angel

Bajonett = Mount, aber ein Mount ist nicht immer ein Bajonett

Bajonettanschluss
Also eine schnelle feststell- und lösbare mechanische Verbindung zweier Teile in ihrer Längsachse, denn Kamera und Objektiv werden durch Ineinanderstecken und entgegengesetztes Drehen verbunden und so auch wieder getrennt. Oft musst Du dazu noch irgendwo draufdrücken. Wichtig ist es, dass Du deutlich das Einrasten spürst, damit die Kamera das Objektiv steuern kann.

Dieser Bajonettverschluss wurde für einen kürzeren Abstand zwischen Sensor und Linse des Objektivs konstruiert, um ein besseres Bild zu erhalten.
Der Bajonettanschluss ist also eine komplexe Schnittstelle zwischen Kamera und Objektiv.

Bildrauschen
Bildrauschen ist die Verschlechterung eines digitalen Bildes durch Störungen, die nichts mit dem Bildinhalt zu tun haben.
Hier haben schlechtes Licht, Geschwindigkeit etc. hohen Einfluss.

Dadurch entstehen Fehler in Farbe und Helligkeit, was oft in Grenzbereichen/Rand zu sehen ist.
Es entstehen Unschärfen in den Grenzbereichen. Betrachte deshalb Bilder und Filme auch genau am Rand.

Blende
Mit der Blende regeln wir, wieviel Licht auf den Bildsensor oder den Film fällt.

Die Blende verstellt die Größe des Objektiv-„Lochs" und regelt so die Menge des Lichts (Helligkeit), die ins Innere eindringen soll. Scheint viel Sonne, musst Du das „Loch" zudrehen und nur wenig Licht durchkommen lassen und umgekehrt.

Ist es dunkel, dann muss die Blende auf eine kleine Zahl gedreht werden, die dann das „Loch" groß macht. Scheint die Sonne sehr hell, dann wird eine hohe Blende (hohe Zahl auf dem Blendenring) angezeigt und Du machst die Blende fast zu, damit nicht das ganze Licht durchdringt.
Das ist wie bei Deinen Augen, die Du bei starkem Sinnenlicht auch zukneifst.

Bowensanschluss/-adapter
Das funktioniert fast wie Zuhause, wenn Du den Lampenschirm an der normalen Stromfassung festmachen willst.

Schau Dir mal eine Lampe mit Lampenschirm an. Dieser Adapter sorgt dafür, dass der Schirm, hier Softbox, korrekt auf dem Strahler sitzt.

Cage
Das heißt eigentlich Käfig. Ist es auch, es umschließt die Kamera und Du hast die Möglichkeit an diesem Cage weitere Zubehörteile anzubringen, die an der eigentlichen Kamera keinen Platz finden würden.
Schau mal unter **Rig** weiter.

Clip
Clips sind bis zu einigen Minuten lange Videos. Den Namen Clips haben diese Filmschnitte wohl von den früheren Musikvideos erhalten.
Ich verwende das auch für die einzelnen Szenen, die ich nachher in der „**Post Procution**" zu einem Film, einer Werbung, …, zusammenführe.

Dead Cat = Tote Katze
So werden die Kunstfelle genannt, die Du bei Außenaufnahmen über die Mikros stülpst, damit Windgeräusche reduziert werden.

Diffusor

In der Fotografie versteht man unter
einem Diffusor ein Hilfsmittel, um hartes direktes
Licht weicher zu machen. Also ein Weichspüler
für Licht, um extreme Licht-Schatten-Kontraste
sowie störende Reflexe zu reduzieren.
Je nach Anwendung solltest Du aber darauf
achten, dass der Diffusor farbneutral ist, d.h.
keinen Farbstich in der Aufnahme erzeugt

Dolly

Ein Dolly ist ein Kamerawagen, mit dem Du auf
unebenen Strecken weiche Kamerafahrten
machen kannst. Noch lange nichts für uns und
auf meistens sehr teuer oder untauglich.
Nimm einfach Deinen Schreibtischstuhl und teste
die Kamerafahrt.

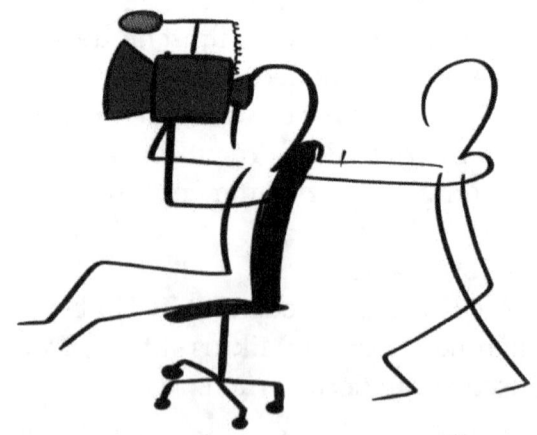

Günstige Dolly-Version

Filmbearbeitung – siehe „Post Production"

FPS
FPS ="Frames per second" und bedeutet "Bilder pro Sekunde". Der FPS-Wert gibt an, wie viele Bilder pro Sekunde Deine Kamera aufzeichnet. Eine Sekunde Video besteht demnach aus einer Menge Bilder, die uns eine Bewegung vortäuschen.
Vielleicht kennst Du noch das Daumenkino aus der Schule, das funktioniert ungefähr nach dem System.

Viele Bilder sind ein scharfes Erlebnis, aber viele Bilder benötigen auch viel Speicherplatz.

Siehe auch **Videoauflösung.**

Graufilter = ND-Filter
ND-Filter (Graufilter) – das ist so eine Art von Sonnenbrille für das Objektiv.

Einige Kameras habe diesen eingebaut, in groben Abstufungen oder stufenlos, bei anderen musst Du sie vorne auf das Objektiv schrauben.
Vorteil der eingebauten Variante ist die Sauberkeit, sie bleiben staubfrei und Du kannst sie nicht vergessen.

Kelvin
Das Kelvin (Einheitenzeichen: K) ist die Standardeinheit der thermodynamischen Temperatur und zugleich gesetzliche Temperatureinheit; es wird auch zur Angabe von Temperaturdifferenzen verwendet. Schaut Euch auch die Skala an.

Hintergrund
Jede Bühne hat einen Hintergrund. Und wenn Du eine Aufnahme machst, dann muss auch dieser Dein Anliegen unterstützen, ihn authentisch machen. D.h., er muss zur Story, Vortrag und Dir passen.
Wenn Du also eine Online-Wahrsagerin bist, dann kann der Hintergrund mystisch ausfallen, dunkler mit Sternen uvm. Allerdings kannst Du nicht eine Clown-Tapete nehmen, nur weil „Die Restrampe" wieder so ein günstiges Angebot offerierte.
Alles was Du einsetzt, muss zum Film, zu Dir, zum Thema passen, sonst wirkt alles irgendwie unecht, nicht glaubhaft, denn im Business ist stets Authentizität gefragt, auch die inszenierte.

Leuchtmittel
Birnen, LED, Neonlampen, Strahler etc., es gibt so viel.
Aber was benötigst Du?
Wichtig ist auf alle Fälle, dass Eure Filmlichter für den Dauerbetrieb geeignet sind.

Lichtspektrum

Das Lichtspektrum ist ein spezieller Teil des elektromagnetischen Spektrums. Alles was Du siehst ist „Licht".

Megapixel

Diese Zahl beschreibt die Menge der Bildpunkt. Je mehr dieser Punkte, desto schärfer das Bild. Stell Dir vor, Du hast ein Bildschirm von 160 cm x 90 cm. Und das Bild würde sich aus 100 Teilen zusammensetzen. Jetzt danke einmal an Deine Kindheit und vergleiche ein 100er mit einem 1000er Puzzle. Welches Bild war im Detail genauer. Natürlich das mit mehr, kleineren und genaueren Teilen (Pixel = Bildpunkten).

Mount = Adapter

Der Mount ist lediglich der Ausdruck für einen Adapter. Nicht nur für Objektive, sondern auch für z.B. Stative und andere schöne Sachen. Ein Teil, was es ermöglicht ein anderes Teil aufzunehmen, korrekt zu verbinden.

ND-Filter – siehe Graufilter

One-Shoter

Wenn ein Videofilm in einem Stück durchgedreht wurde, wenn der Aufnahme-Stopp-Knopf nur einmal am Ende gedrückt wurde, spricht man von einem One-Shot-Video.

Das bedeutet demnach, dass es gibt keine Schnitte gibt. Hier ist der Einsatzbereich doch ein wenig eingeschränkt, vor allem, wenn Du mit Menschen arbeitest, die eine Rolle spielen und nicht gleich alles beim ersten Mal perfekt im Kasten ist.
Kleine Clips dagegen sind da eher möglich.
Bitte nicht verwechseln mit dem **One Shot**.

One Shot
One Shot ist eine einzelne Comic-Veröffentlichung, also nicht eine Serie oder Auszug einer Serie, sondern nur ein Comic. die nicht Teil einer Serie ist.
Wo man das häufig sieht?
Auf dem amerikanischen Comicmarkt, um einbändigen Comics von den üblichen Comicserien zu unterscheiden. Hat jetzt nicht hiermit zu tun, aber es soll ja auch keiner über Dich lachen.

Post Production (Filmbearbeitung)
Dieses ist der Prozess, wo Du Dein Filmmaterial bearbeitest. Dazu benötigst Du ein Schnittprogramm, ich liebe z.B. DaVinciResolve.

Das kannst Du gratis runterladen und OHNE Werbung benutzen, und zwar so lange, bis Du damit Geld verdienst, bzw. sie kommerziell einsetzt.

Dann musst Du Dir die Studioversion kaufen, die Du zu einem vernünftigen Preis bekommst und das inkl. der Up-Dates - Änderung nicht in Sicht (Stand Juni 2021).
Achtung, dieses Programm ist auf Englisch und weiteren Sprachen, aber nicht auf deutsch. Aber Du willst doch sowieso nach Hollywood. Schaut mal beim Vertrieb von „Black Magic Design" vorbei. Mit diesem Programm wurden schon Hollywood Blockbuster gedreht.

Wenn Du eine Szene drehen willst, dann gib der Kamera einen kleinen Vorlauf, d.h. Kamera an und erst nach fünf Sekunden „Action". Warum? Wenn Dein Bildmaterial sofort mit einem gesprochenen Wort etc. anfängt, hast Du nachher beim Schneiden oft ein Problem **Clips** zusammenzufügen, bzw. hast keine Chance Überblendungen optimal zu bearbeiten. Gib jeder gefilmten Szene einen Vor- und Nachlauf von ein paar Sekunden, dann bist Du auf der sicheren Seite. Du wirst es mir danken, wenn Du anfängst mit Überblendungen zu arbeiten.

Rig
Um die Kamera aufzuriggen, aufzutackeln, benötigst Du erst einmal einen Cage. Also einen Käfig, der die Kamera umschließt.
Bist Du Musiker oder verrückter Fan? Dann kennst Du das von der Bühne, da heißt es lediglich Traverse.

An der Traversen werden Strahler, Monitore, Verfolger, ... angebaut.
Nichts anderes ist das hier auch, bloß ein wenig kleiner.

Du kannst die Kamera so richtig auftackeln, riggen und an den Käfig allerlei Anbauteile anbringen.
So machst Du aus einer normalen Fotokamera, die auch filmen kann, eine stattliche Videokamera. Mittlerweile auch für SMARTPHONES verfügbar.

Was kannst Du da beispielsweise anbauen? Einen guten Griff (sehr wichtig), externer Monitor, Filmlicht, externes Mikrofon, „Empfangsstation" für Funkmikros uvm.
Und wieder für den Musiker – so kann der Kameramann endlich ein optimales Musikvideo von Dir drehen und das wiederum nennt man Musik-**Clip**.

Sensor
Ein Sensor ist lediglich en Messfühler. Na ja, es ist genauer gesagt die Fläche, auf der das Bild entsteht. Je größer der Sensor, desto weniger Bildrauschen hat Deine Aufnahme, desto teurer ist aber auch Dein Gerät.

Shutter - Verschluss
Ursprünglich beschreibt es einen mechanischen Verschluss, mit dem Du die Belichtungsdauer bei bildgebenden Systemen regelst, und zwar wie lange Licht auf das Filmmaterial oder den Sensor fällt.

SLR - single-lens-reflex
Einäugige Spiegelreflexkamera (SLR, single-lens-reflex). Hier schwingt der Spiegel durch die Betätigung des Auslösers nach oben. Es gibt auch tolle Kameras ohne Spiegel.

Softboxen
Softboxen, auch Lichtwannen genannt, sind vorwiegend recht-, achteckige oder runde Boxen, die meist auf einer Leuchte montiert werden. Dazu benötigst Du oft einen **Bowens-Adapter**.

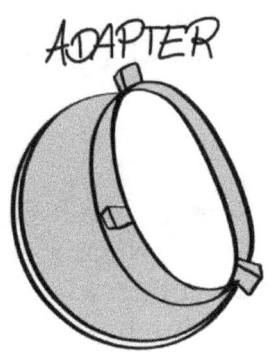

Bowens-Adapter

Die Softbox sorgt für eine gleichmäßigere Ausleuchtung Deiner Motive und verringert die Schattenbildung.
Das Licht wirkt weicher, da der Strahler nicht gebündelt auf das Motiv auftrifft. Besonders zu beachten, wenn es nur einen geringen Abstand zum Motiv gibt.

Ein gutes Zubehör sind die Gitter vor der Softbox, die das Licht in einem bestimmten Bereich ausleuchtet, also das unkontrollierte Abstrahlen zur Seite verhindert – aber ab und zu willst Du das ja vielleicht.

Kleiner Hinweis, um Geld zu sparen:
Auch wenn Du faul bist, Strahler bitte vor dem Transport aus der Softbox entfernen, dann reißt auch nichts ein.

Siehe auch **Leuchtmittel**, denn ohne die bleibt es dunkel.

Traverse - siehe auch Rig & Cage
Kennst Du bestimmt, wenn Du mal Musiker auf der Bühne gesehen hast. Über der Bühne hängen diese modularen, meist silbernen Fachwerkträger, die zur Aufnahme von Strahlern, Lautsprecher, Deko usw. verwendet werden. Sie bestehen aus Aluminium oder Stahl.

UV-Filter
Einige schwören auf UV-Filter. Der meiste Grund ist der Schutz des Objektivglas. Also musst Du wohl ein gutes Markenprodukt kaufen, damit es die Objektivqualität nicht verfälscht und im Falle eines Stoßes einfach zerbrochen und ohne Reue in den Mülleimer wandern kann. Ich nutze derzeitig keins.

Videoauflösung
Eine 4K-Videoauflösung ist ein hochauflösendes (High-Definition, HD) Videoformat, das die vierfache Full-HD-Auflösung von 1080p-Videos hat.
Mehr ist nicht immer besser. Derzeitig brauchst Du in den sozialen Medien nur Filme in HD hochladen. Wenn Du einen 6K Film hochladen würdest, dann rendern (runterrechnen) YouTube und Kollegen die Filme runter und zeigen sie in einer geringeren Qualität, die für das Internet völlig ausreichend sind.
Ein weiteres Problem ist die Speicherung und Verarbeitung solcher hohen Daten auf Deinem PC. Kann Dein Computer überhaupt diese Informationsflut verarbeiten?
Wenn Du Dir ein Schnittprogramm besorgst, dann informiere Dich zuallererst, welche Leistung das Programm von Deinem Computer abverlangt. Du wirst sonst sehr frustriert sein.

Weißabgleich
Als Weißabgleich bezeichnet man die Anpassung der Kamera an die Farbtemperatur des vorhandenen Lichts, das gerade vorherrscht.
Wenn Du am nächsten Tag oder unter anderen Lichtbedingungen weiter filmen willst, musst Du der Kamera wieder sagen, was unter den jetzigen Bedingungen als „weiß" bezeichnet wird.
Das ist so, als wenn Du morgens die Augen schwerfällig aufmachst und Du Dich an das neue Licht erst gewöhnen musst.
So geht es der Kamera auch, aber die benötigt Deine Hilfe und Du vielleicht eine Kopfschmerztablette.

Und schon sind wir am Ende des Buchs.
Mir hat es Spaß gemacht, Dich ein wenig in der Filmwelt umherführen zu dürfen.

Hast Du Anmerkungen oder hast Du einen Fehler entdeckt?
Dann schreibe mir bitte unter:
info@Andreas-Rietz.de

Vielen Dank und bis zum nächsten Buch.

Dein

Andreas

ÜBER DEN AUTOR

Andreas Rietz ist in Norddeutschland geboren und interessierte sich durch seinen Vater rasch für die Fotografie.

Um sich dieses Hobby auf gutem Niveau erlauben zu können, fotografierte er Reiter und Pferde auf Turnieren und verkaufte ihnen diese Bilder.

Seinen Traum Kameramann zu werden wurde ihm durch seine Eltern ausgeredet:
„Die verdienen doch nichts, …"

Er lernte Hotelfachmann, die auch nichts verdienen, arbeitete später auf dem Kreuzfahrtschiff der „ms europa" und fotografierte nun auf der ganzen Welt.
Es folgte das Studium zum Hotelbetriebswirt und der Einstieg ins Management.
Sechzehn Jahre Hoteldirektor und Resort-Manager brachten ihm einen riesigen Erfahrungsschatz in der Hotelbranche ein.

2014 wurde er von einem Freund Paolo angesprochen, für ihn bei den Dreharbeiten zu „Hoteldirektor Undercover", vom Produzenten Daniel Güldner, einzuspringen. Seitdem ist er nun mit Daniel und Kameramann Flo auf der ganzen Welt unterwegs, um Hotels zu testen und die beiden Experten mit Fragen über das Filmen zu löchern, damit es bald wieder ein neues Buch in einfacher, normaler Sprache geben wird.

Impressum

Andreas Rietz
ariol-entertainment.de
Eifelstr. 51
53474 Bad Neuenahr-Ahrweiler
info@Andreas-Rietz.de

Copyright

Sämtliche Zeichnungen in diesem Buch gehören mit allen Rechten meiner Frau Michaela Rietz, die sie nur mir zur freien Verfügung überlassen hat.

Verwendungen, auch auszugsweise, sind ausdrücklich nur mit schriftlicher Genehmigung erlaubt.
Gerne nimmt Michaela Rietz auch Aufträge für weitere Illustrationen an.

www.ingramcontent.com/pod-product-compliance
Lightning Source LLC
Chambersburg PA
CBHW070811220526
45466CB00002B/636